De:______________________________

Para:______________________________

Imagens para a alma

Dados Internacionais de Catalogação na Publicação (CIP)
(Câmara Brasileira do Livro, SP, Brasil)

Vasconcelos, Eder
Imagens para a alma / Eder Vasconcelos. – Petrópolis, RJ : Vozes, 2016.

ISBN 978-85-326-5289-8

1. Espiritualidade 2. Imagens – Meditação 3. Meditação 4. Meditação – Cristianismo 5. Oração I. Título.

16-04473 CDD-248.34

Índices para catálogo sistemático:
1. Meditação : Espiritualidade : Cristianismo
248.34

Eder Vasconcelos

Imagens para a alma

EDITORA VOZES

Petrópolis

Rua Frei Luís, 100
25689-900 Petrópolis, RJ
www.vozes.com.br
Brasil

Editoração: Maria da Conceição B. de Sousa
Diagramação: Rafael Brum
Revisão gráfica: Nilton B. da Rocha
Ilustrações de miolo e capa: Magdaluce Ribeiro
Capa: Sandra Bretz

ISBN 978-85-326-5289-8

Editado conforme o novo acordo ortográfico.

Este livro foi composto e impresso pela Editora Vozes Ltda.

O ser humano vive de imagens. Sem imagens absolutamente não percebemos o que constitui a riqueza de nossa existência.

ANSELM GRÜN

Sumário

Itinerário para oração

Querido leitor, querida leitora,

Como rezar com as imagens? Apresento a seguir um "breve itinerário" para a contemplação das dezoito imagens em seu caminho espiritual. Não leia os textos de uma só vez. Escolha uma imagem. Sente-se numa cadeira, ou banco de meditação, em posição confortável. Inspire e expire três vezes. Silencie a mente, relaxe o corpo, descanse. Em seguida, leia devagar o texto como se estivesse declamando. Escute e olhe com os olhos do coração. Coloque um fundo musical ou simplesmente deixe a música do silêncio invadir os espaços de sua alma. Cante um mantra, acenda uma vela, contemple a beleza de uma flor desabrochando, o nascer e o pôr do sol. Escute o canto dos passarinhos, contemple uma fonte de água cristalina e sinta a vida fluir dentro e fora de você. Sinta-se profundamente acolhido pela presença amorosa de Deus. Nesse silêncio exterior e interior escute a sua alma. Escute suas tristezas e alegrias, seus avanços e recuos, sonhos e medos etc.

E, finalmente, agradeça ao Senhor pela imagem que lhe ajudou a experimentar a bondade e a profundidade do mistério inefável. Termine rezando com simplicidade: "Bendito sejas, Senhor da vida, pela beleza e pela sensibilidade de tua presença na imagem que hoje me deste. Senti em minha alma o brilho luminoso do teu olhar permeando o núcleo mais íntimo do meu ser. Obrigado, Deus de ternura e bondade, pela imagem que me conduziu às profundezas do silêncio, da paz e da oração interior. Amém".

Introdução

Existem imagens que curam a alma e imagens que a fazem adoecer. Imagens cheias de leveza e beleza não têm como não fazer bem à alma humana. As imagens têm a capacidade de nos transportar para o mundo da contemplação, lá onde somos um com Deus e conosco mesmos.

Imagens são sinais onde encontramos a presença bondosa e amorosa do Criador. Hoje nós vivemos na era da imagem, muitas delas com grande poder de alcance. Vive-se quase que perdido no mundo das imagens. Onde encontrar imagens que nos conduzam para o recolhimento, a oração e o silêncio interior? O mundo imagético certamente não está preocupado com a alma, isto é, o espírito do ser humano.

As imagens que compartilho com você sempre me acompanharam em minha jornada espiritual. No mundo da espiritualidade também precisamos das imagens. Elas nos ajudam a contemplar a nossa vida mergulhada na luz do mistério insondável do Deus Uno e Trino.

Desejo que estas imagens espirituais e existenciais lhe ajudem a trilhar um caminho novo rumo à paz e à serenidade.

Um respiro da alma

Oração?
Um simples silenciar.
Expressão da alma sedenta.
Unidade profunda. Um respiro!
Tranquilidade, paz, serenidade.
Alma ancorada em Deus.
Oração?
Unir as mãos, todo ser.
Confiar plenamente na Divina Presença.
Coração aberto e sereno.
Reverência ao mistério.
Oração?
Quietude do espírito.
Um recolher-se.
Um olhar para Deus e para o mundo.
Oração?
Delicadeza, sensibilidade, docilidade.
Um abrir-se para o Eterno.
Oração?
Um repousar nos braços
de Deus Pai-Mãe.

Marcas no caminho

Uma marca deixada em meu caminho.
A marca da alegria, do amor, da bondade...
Pés cansados?
Não! Vou caminhar e caminhar.
Sei que o caminho é longo e tem muitas curvas.
Quanto mais caminhar mais marcas ficarão.
Meus pés me levam, me conduzem...
Para onde? Não sei ao certo!
Só sei que no caminho por onde irei passando
deixarei uma marca
registrada na areia, na poeira...
Essa marca, o vento levará,
mas a marca deixada no coração das pessoas
não desaparecerá para sempre.
Não digas: o caminho é longo e cansativo.
Simplesmente caminha... caminha,
consciente de que, ao final,
encontrarás o verdadeiro sentido do teu caminhar!

Tu és uma pérola

Em ti existe uma pérola preciosa.
Como a encontrarás?
Viajando rumo ao mar da tua alma.
A procura não é fácil. É minuciosa.
Como a conquistarás?
Depende de como estão as ondas do mar.
Se estiverem agitadas, tornarão a tua tarefa
mais desafiadora. Não impossível!
E se estiverem calmas,
só terás que aguçar a percepção
dos teus sentidos.
Então, quando a encontrarás?
Quando tudo chegar à tranquilidade,
poderás então visualizar a pérola.
E nessa hora, terás encontrado o teu tesouro,
que há tanto tempo procuras
nas ondas agitadas do alto-mar.
Onde está a pérola?
Na calmaria e no repouso do mar da tua alma!

Paz, sonho ou realidade?

PAZ, onde estás?
Onde estás que não te encontro?
Tenho te procurado em diversos lugares:
nas igrejas e nos conventos;
nos *shopping centers* e nas etiquetas;
nas ruas e nas praças;
nas florestas e nos campos;
na leitura e na música...
E continuo a minha procura...
PAZ, onde estás?
Mostra-me um sinal, um simples sinal,
que eu possa ir ao teu encontro.
És um sonho ou realidade?
Para muitos, um sonho.
Para outros, realidade.
E para mim... Uma eterna busca.
PAZ, onde estás, afinal?
Talvez a resposta mais sábia seja esta:
Se não estás dentro de mim,
dificilmente estarás ao meu redor.

No teu céu brilha uma estrela

Existe dentro do teu céu alguma
estrela que não brilha mais?
Quanto tempo faz que não olhas para o céu?
Para por um instante.
Examina cuidadosamente
se há uma estrela se apagando.
E jamais esqueça: tu existes para brilhar!
Não podes ser uma estrela apagada.
Estrela tem luz própria!
Iluminar, irradiar, brilhar é a meta.
Nasceste para iluminar o palco da existência.
Ninguém pode apagar o teu brilho.
Brilharás porque trazes dentro de ti
o lampejo do Divino Criador.
No céu que está em ti
uma estrela insiste em despontar e brilhar.

A chama

Tu és uma pequena chama.
Mas ainda assim poderás iluminar o
universo inteiro. Não penses: "Sou
apenas uma pequenina chama".
O importante é manter a chama sempre acesa.
Não deixar o vento apagá-la.
Tua chama acenderá outras chamas apagadas.
E a cada nova chama que surgir,
a escuridão, aos poucos, vai dando lugar à claridade.
Tu és uma pequena chama
com a grande responsabilidade de iluminar
a tua existência e a existência de outras pessoas.
Não tenhas medo pelo fato de seres tão pequena!
Teu brilho é maior e mais forte.
Em tua alma existe uma chama que não se apaga:
a chama divina do amor!

Tu és como um farol

O que tua alma irradia?
Tu és como um farol.
Tu és como um raio de sol a irradiar
calor, paz, bondade, amor, alegria...
Se tudo isso irradias para ti mesmo,
serás capaz de irradiar algo para o mundo.
Há uma luminosidade em ti.
Não estás aqui nesta existência para irradiar
ódio, vingança, maldade, injustiça, egoísmo...
Lembra-te sempre:
Desde o nascer até o pôr do sol,
tua vida deve ser uma irradiação da Divina Luz,
que todos os dias brilha para bons e maus.
Tu és um farol.
Tu és um raio de sol,
que faz a vida mais alegre e mais bonita.
Tua nobre missão:
Ser uma irradiação da luz neste imenso universo.

Magdaluce Ribeiro

Silêncio, onde moras?

Silêncio...
Onde está o silêncio?
Silêncio...
Que cura.
Que liberta.
Que acalma.
Que redime.
Que perdoa.
Que ama.
Que compreende.
Que aceita.
Que ora.
Que agradece.
Que acolhe...
Que revigora.
Onde está o silêncio?
Na minha alma e na tua alma.
Eis aí a eterna morada do SILÊNCIO!

Eu me vejo no teu sorriso

O teu sorriso...
No teu sorriso vejo
a nobreza e a grandeza
de tua alma!
No teu sorriso vejo
além das aparências.
Vejo teu interior.
Sinto a espontaneidade de tua alma.
No teu sorriso alegre sinto a vida fluir.
Sinto que vale a pena viver e se alegrar.
Um sorriso custa tão pouco.
Sorria, sorria sempre!
O sorriso é o princípio da oração.
O sorriso é mistério da alma
revelado no rosto de quem sabe amar.
Sorriso, beleza, simpatia, afeição...
Sorriso, razão de uma alma contente e feliz.
Sorria... porque, quando Deus te vê sorrindo,
Ele também sorri contigo!

Aprender a voar

Tua meta é voar.
És um projeto infinito.
Nasceste sem asas,
mas trazes dentro de ti
a intuição de voar.
De ir além de teus limites.
De superar os obstáculos.
De vencer a ti mesmo.
Nasceste para voar,
nas asas da imaginação.
Tens na mente e no coração,
que não nasceste para rastejar,
e sim para voar rumo ao infinito.
Trilhar novos horizontes
sem medo de arriscar um só segundo,
na ousadia de alçar voo.
Chegar à meta: voar
sem jamais perder a direção do voo.

Uma canção solitária?

Minha canção...
Minha canção não é alegre e nem triste.
Canto, porque cantando minha alma se alegra
e uma alma alegre consegue contagiar
o universo inteiro.
Mas alguém pode dizer: Como isso é possível,
se teu canto não é alegre e nem triste?
E eu respondo: Meu canto não é solitário,
porque comigo cantam as vozes
e a orquestra mais afinada da criação inteira.
Nessa sinfonia, meu canto é carregado de mistério,
encanto, beleza, ternura e harmonia.
Sempre que puderes cantar, canta!
Canta com o coração, com a alma.
Não importa se teu canto é alegre, triste ou feio.
Canta pelo prazer de cantar e festejar.
Canta, canta hoje e sempre para celebrar
a beleza da vida que desponta diante de ti.

Jardim secreto

Cultiva o jardim da tua alma!
Todos os dias, faz um passeio por ele.
Lá encontrarás pedras, flores e espinhos.
É tua humanidade em relevo.
Terás que saber colher as flores
e separar cuidadosamente os espinhos.
No jardim não há somente flores,
há os espinhos que não podem ser negados.
Cuida, para que seja um lugar agradável.
O Divino Jardineiro cuidadosamente regará
o teu jardim.
No jardim da tua alma sentirás leveza.
Ao contemplar a beleza,
sentirás o perfume que exala.
Então dançarás como as folhas e as flores
embaladas pela leveza do vento.
E jamais esqueças: pedras, flores e espinhos
fazem parte do caminho que dá acesso ao
jardim secreto em tua alma!

Uma fonte a jorrar

Em algum lugar da alma há uma fonte...
Uma fonte refresca, acalma, sacia.
Tens sede?
Bebe da tua fonte.
Em tua alma existe uma fonte.
Uma fonte não contaminada.
Uma fontte de água cristalina.
Uma fonte que não resseca.
Uma fonte que contém a fonte divina.
Uma fonte intocável.
Uma fonte que se renova a cada instante...
Em algum espaço da tua alma
há uma fonte límpida e transparente.
Uma fonte de vida, a fonte do Espírito.
Tens sede?
Bebe todos os dias desta fonte,
e jamais terás sede novamente.
Quando sentires tua alma ressecada,
vai em busca da tua sagrada fonte.

Magdaluce Ribeiro

Ser ponte

Ser ponte...
Atravessar a arriscada aventura humana.
Pessoas são pontes
que dão acesso ao inevitável,
ao essencial, ao mistério...
Procura ser uma ponte de união
entre o céu e a terra.
Entre imanência e transcendência.
Sê ponte para ti mesmo.
Sê ponte para o outro.
O que importa é ser ponte.
Atravessar o lado sombrio da existência
e vislumbrar extasiado as surpresas
que estão para além da ponte.
Ser ponte: uma fantástica aventura
que começa a partir da simples decisão
de encarar o desafio do novo
que cada mudança traz consigo.
Sê sempre uma ponte que dá acesso
ao lugar mais secreto da tua alma!

Um simples viajante

Eu sou um viajante.
Remo contra a correnteza.
Vou mar adentro.
Os ventos tentam me levar
em direção contrária,
mas persisto em minha
aventurada viagem.
Para onde vou?
Vou para um lugar
chamado alma.
Um lugar desconhecido para mim.
Quando vou chegar?
Não tem dia e nem data marcada.
Continuarei remando contra
o sol, tempestades e corredeiras.
Nessa longa viagem
resta-me apenas uma certeza:
Sou apenas um viajante à procura
da amiga mais íntima: a alma!

Redescobrir a interioridade

Eu interior? Eu exterior?
União ou contradição?
No eu interior
escuto a mim mesmo.
Escuto o Ser.
Escuto o outro.
Eu interior? Eu exterior?
No exterior
não escuto a mim.
Não escuto o Ser.
E muito menos o outro.
No eu exterior o ruído me ensurdece e cega.
Preciso do interior para escutar e ver com nitidez.
Na interioridade modifico minha
escuta e meu modo de ver.
Olho o mundo e vejo todas as coisas numa interligação.
Interior e exterior são polos na alma humana
que bradam por integração, comunhão, reciprocidade
etc.
Escutar e ver com os olhos do coração,
eis a função primordial da interioridade.

Como barro nas mãos do oleiro

Quem sou?
Barro nas mãos do Divino Oleiro,
que passo por passo vou sendo
modelado interiormente e exteriormente.
Sou vaso novo. Sou cântaro. Sou barro transformado.
Carrego o mais precioso tesouro.
Um mistério humano e divino.
Sou barro cru, duro, pesado,
que nas mãos benditas do oleiro encontram forma.
Sou barro, sou lama, sou terra
ganhando detalhes e contornos para ser.
Ser nova obra criada e modelada, com perfeição.
Nas mãos do Grande Artista, vaso novo sou.
Trago no coração meu único tesouro,
frágil, pobre, delicado...
Este tesouro vale mais do que o ouro e a prata.
Seu valor é incalculável.
Sou barro nas mãos do oleiro.
Sou húmus, sou pote, sou vaso...
Carrego no centro do ser o tesouro escondido na alma.

No presépio, um Menino

No presépio está a pura simplicidade.
O amor de um Deus que se fez gente.
Um Deus pequeno, pobre e indefeso.
Um frágil bebê necessitado de cuidados.
Despido de todo poder e glória, Ele se fez um de nós.
Alguém quer acolher este Deus em seu coração?
O sublime amor deitado na manjedoura
veio visitar e abraçar a humanidade inteira.
Veio trazer a paz, a esperança e a reconciliação
aos homens e mulheres de boa vontade...
Nosso Deus é uma criança que brinca.
Brinca, porque não se encheu de si mesmo,
mas esvaziou-se de tal forma que em seu
rosto resplandece sorriso, afeto, bondade...
No presépio está a vida que nasce e renasce
a cada hora, a cada dia, a cada semana, a cada mês,
a cada ano, a cada instante...
Ó Menino das palhas, ó Menino de Belém!
Comovido diante do presépio não tem como não dizer:
Nasça hoje na manjedoura do meu pequeno coração!

MEU LIVRO DE ORAÇÕES

Anselm Grün

Autor reconhecido mundialmente por suas obras sobre espiritualidade e autoconhecimento, Anselm Grün trás nesta nova obra uma seleção de orações que são oriundas da tradição beneditina e outras, que estão próximas ao espírito beneditino. O autor escreveu também orações inspiradas na experiência das instituições monásticas. Para os monges, oração significa: oferecer a Deus sua vida inteira, sua verdade mais íntima, para que o Espírito de Deus possa permear tudo em nós, e nos transformar.

Segundo Grün: "Na oração, ofereço a Deus os meus sentimentos, as minhas afeições, os meus medos, para que, através deles, eu possa sentir Deus como o fundo mais recôndito da minha alma e onde encontro tranquilidade. Bento significa: 'o abençoado'. Orar, para São Bento, significa também, colocar tudo sob a bênção de Deus: a mim mesmo, as pessoas e a realidade deste mundo, para que possamos vivenciar que tudo pode vir a ser uma bênção para nós e que, nós mesmos, somos uma bênção para as pessoas. O objetivo de orar, pedir, louvar e abençoar é que Deus seja glorificado em tudo".

Anselm Grün *é autor reconhecido no mundo inteiro por seus inúmeros livros publicados em mais de 28 línguas, o monge beneditino Anselm Grün, da Abadia de Münsterschwarzach (Alemanha), une a capacidade ímpar de falar de coisas profundas com simplicidade e expressar com palavras aquilo que as pessoas experimentam em seu coração. Procurado como palestrante e conselheiro na Alemanha e no estrangeiro, tornou-se ícone da espiritualidade e mestre do autoconhecimento em nossos dias. Tem dezenas de obras publicadas no Brasil.*

MULHERES EM ORAÇÃO

100 reflexões e inspirações para renovar a alma feminina

Anne Costa

Não é fácil ser mulher nos dias de hoje; aliás, nunca foi fácil mesmo. É indiscutível que as mulheres enfrentam muitos adversários, reais e de peso. Não importa qual seja o momento que você esteja vivendo hoje, este livro vai falar ao seu coração!

Anne Costa é uma amiga calorosa, que nos encoraja e compreende os muitos desafios que as mulheres católicas da atualidade enfrentam. Ela nos convida a abraçar nossa vocação e os dons únicos que possuímos, inerentes à nossa natureza feminina, para transformar o mundo e nos conduzir às águas restauradoras de Cristo, onde vamos encontrar forças e sabedoria. Essas meditações e orações são a maneira perfeita de começar o dia, terminá-lo ou de nos animar a qualquer hora.

Anne Costa *é conselheira espiritual, palestrante motivacional e fundadora do Veronica Ministries, um apostolado destinado a promover a cultura da vida. Também foi apresentadora do programa de rádio* A Servant's Heart, *transmitido por uma estação de rádio cristã de Nova York.*